Bibliografische Information der Deutschen Nationalbibliothek:

Die Deutsche Bibliothek verzeichnet diese Publikation in der Deutschen National-bibliografie; detaillierte bibliografische Daten sind im Internet über http://dnb.d-nb.de/ abrufbar.

Impressum:

Copyright © 2013 GRIN Verlag, Open Publishing GmbH
Druck und Bindung: Books on Demand GmbH, Norderstedt Germany
ISBN: 9783656434337

Dieses Buch bei GRIN:

http://www.grin.com/de/e-book/208294/fachgerechter-austausch-einer-festplatte-unterweisung-fachinformatiker

Johannes-Maximilian Brede

Fachgerechter Austausch einer Festplatte (Unterweisung Fachinformatiker / -in)

GRIN Verlag

GRIN - Your knowledge has value

Der GRIN Verlag publiziert seit 1998 wissenschaftliche Arbeiten von Studenten, Hochschullehrern und anderen Akademikern als eBook und gedrucktes Buch. Die Verlagswebsite www.grin.com ist die ideale Plattform zur Veröffentlichung von Hausarbeiten, Abschlussarbeiten, wissenschaftlichen Aufsätzen, Dissertationen und Fachbüchern.

Besuchen Sie uns im Internet:

http://www.grin.com/

http://www.facebook.com/grincom

http://www.twitter.com/grin_com

Konzept zur Ausbildereignungsprüfung
Thema: Fachgerechter Austausch einer Festplatte

Name: Johannes-Maximilian Brede

1 Didaktische Planung

1.1 Begründung der Themenwahl

Ich habe den Austausch einer Festplatte gewählt, weil der fachgerechte Austausch und Einbau von Hardwarekomponenten in unserem Unternehmen eine der Kernkompetenzen darstellt.

1.2 Lernbedingungen der Unterweisung

1.2.1 Auszubildender:

Der Auszubildende Marco Süß befindet sich im zweiten Monat des ersten Ausbildungsjahrs zum Fachinformatiker mit Fachrichtung Systemintegration an einer Berliner Berufsschule. Er ist 17 Jahre alt und technisch sehr interessiert. In seiner Ausbildung zum Fachinformatiker kommt ihm seine pragmatische Veranlagung und Herangehensweise an Herausforderungen sehr zu gute. Marco hat den mittleren Schulabschluss erfolgreich bestanden.

1.2.2 Ausbildungsbetrieb:

Der Ausbildungsbetrieb ist ein im Berliner Raum anerkannter und zertifizierter Anbieter, der sich u.a. auf die schnelle und kompetente Reparatur von Computern und Notebooks spezialisiert hat. Direkte Beziehungen zu Teilelieferanten und eigens entwickelte Reparaturverfahren, sowie stets hervorragende Leistungen des Betriebes konnten über die Jahre viele Kunden überzeugen und machen ihn heute zur ersten Anlaufstelle, wenn es um sachverständige Reparaturen und persönliche Beratung geht. Der Ausbildungsbetrieb verfügt über sechs Mitarbeiter und zwei Auszubildende.

1.2.3 Sächliche Bedingungen am Unterweisungsort:

1.2.3.1 Beschreibung des Raumes:

Die Arbeitsunterweisung findet am Arbeitsort des Auszubildenden statt.

1.2.3.2 Verwendbare Medien:

Der Raum ist ausgestattet mit einem Arbeitstisch, einem Flipchart bzw. einer Moderationspinnwand. Sämtliche Telefone sind abgeschaltet.

1.2.4 Fachliche Darstellung und Abgrenzung des Themas:

In das Berufsbild eines Fachinformatikers mit Fachrichtung Systemintegration gehört im Zusammenhang mit Konfigurations- oder Reparaturarbeiten auch der Umgang mit elektrischen Geräten und empfindlichen elektronischen Bauelementen.
Außer den unbedingt zu beachtenden Sicherheitsvorschriften beim Umgang mit elektrischen Geräten muss der Auszubildende auch die besonderen Sorgfaltsregeln beim Hantieren mit elektronischen Bauelementen lernen. Dabei spielt die Gefahr der Zerstörung durch elektrostatische Entladung eine ebenso große Rolle, wie die Gefahr der mechanischen Beschädigung oder der Verschmutzung der elektrischen Kontakte durch Berührung mit den Fingern. Im Rahmen dieser Unterweisung lernt der Auszubildende exemplarisch am Aus- und Einbau der Festplatte den angemessenen Umgang mit diesen Komponenten.

1.2.5 Unfallgefahren:

Unfallgefahren beim Austausch einer Festplatte sind scharfe Kanten am und im Gehäuse, durch die sich der Auszubildende Schnittwunden zuführen kann. Dies ist zu vermeiden, indem die Kanten vor Beginn der Unterweisung bereits sorgfältig abgeklebt werden. Die

Kanten an den Prüfungsrechnern sind gefalzt, so dass ein Abkleben nicht nötig ist.

1.3   Lernziele

1.3.1   Richtlernziel:

5.3 „Installieren und Konfigurieren" (§10 Abs. 1 Nr. 5.3) im Ausbildungsrahmenplan für die Berufsausbildung zum Fachinformatiker/ zur Fachinformatikerin Fachrichtung Systemintegration aus dem Bundesgesetzblatt Jahrgang 1997 Teil I Nr. 48, ausgegeben zu Bonn am 15. Juli 1997 (Anlage 2 Teil A zu §11).

1.3.2   Groblernziel

b) Hardware und Betriebssystem installieren und konfigurieren.

1.3.3   Feinlernziel:

Der Auszubildende Marco kann selbstständig und fachlich korrekt innerhalb von 5 Minuten ein Computergehäuse ordnungsgemäß öffnen, eine Festplatte ausbauen und eine neue Festplatte einbauen. Er kennt die relevanten Arbeitsmaterialien und den fachgerechten Umgang mit den relevanten Werkzeugen.

1.4   Lernzielbereiche

1.4.1   Feinlernziel im kognitiven Bereich:

Der Auszubildende weiß was eine Festplatte ist und kennt die relevanten Sicherheitsbestimmungen.

1.4.2   Feinlernziel im psychomotorischen Bereich:

Der Auszubildende kann nach der Unterweisung die entsprechenden Griff-Stell Bewegungsabläufe zum

- Öffnen eines Computergehäuses
- Austauschen der Festplatte
- Benutzung der ESD-Matten/ des ESD-Armbands

anwenden.

Als erstes muss die ESD-Matte/ das ESD-Armband fachgerecht angeschlossen werden. Hierzu dient das Merkblatt, welches dem Auszubildenden ausgehändigt wird. Beim Lösen und Anziehen der Gehäuse- und Befestigungsschrauben ist darauf zu achten, dass der Auszubildende die kleinen Schrauben sicher hält. Die Schrauben dürfen, bzw. sollten nicht auf das Mainboard fallen, weil sie dort Schäden verursachen können. Beim Anziehen der Schrauben muss auch darauf geachtet werden, dass der Auszubildende die Schrauben nicht zu fest anzieht und somit das Gewinde beschädigt.

1.4.3   Feinlernziel im affektiven Bereich:

Der Auszubildende wendet die für die Bearbeitung richtigen Arbeitsmittel an und verhält sich nach den Arbeitsschutzbestimmungen. Er arbeitet sorgfältig und genau und achtet auf Sauberkeit am Arbeitsplatz.

2 Methodische Planung

2.1 Begründung der Methodenwahl:

Für diese Arbeitsunterweisung habe ich die 4-Stufen-Methode gewählt, da diese besonders geeignet ist manuelle Fertigkeiten und praktische Tätigkeiten einzuüben. Sie soll dem Auszubildenden zum selbstständigen Anwenden verhelfen.

Die 4-Stufen-Methode beinhaltet:

2.1.1 Vorbereitung:

Begrüßung des Auszubildenden, eine angenehmen Atmosphäre schaffen.
Nennung des Themas der Unterweisung, Motivation des Auszubildenden, sowie Nennung der Wertungskriterien.

Was ist zu tun?	Wie?	Warum?	Womit?	Zeit
Begrüßung des Auszubildenden	Abfragen der Vorkenntnisse Einführung in das Thema	Um eventuelle Unklarheiten im Vorfeld zu klären	Mündlich	2 Min

2.1.2 Vormachen und Erklären durch des Ausbilder:

Ich erkläre den Arbeitsablauf als Ganzes und demonstriere ihn, indem ich jeden Teilschritt langsam vormache und dabei meine Vorgehensweise genau beschreibe. Ich achte darauf, dass der Auszubildende jeden Schritt beobachtet. Der Auszubildende folgt meiner Vorführung und stellt bei Bedarf Fragen.

Was ist zu tun?	Wie?	Warum?	Womit?	Zeit
Installation der ESD-Matte/ des ESD-Armbandes	ESD-Matte/-Band mit dem Arm und der Erdung verbinden	Um Beschädigungen oder Aufladungen zu verhindern	Hände	
PC vom Stromnetz trennen	Netzstecker aus der Steckdose ziehen	Um Gefahr durch Stromschlag zu vermeiden	Hände	
Alle Kabelverbindungen zu anderen Geräten trennen	Die Stecker an der Computerrückseite herausziehen, ggf. vorher abschrauben	Behinderung durch Kabel vermeiden, Gefahr durch evtl. spannungsführende Kabel vermeiden	Hände, Schraubendreher	
Computergehäuse öffnen	Gehäuseschrauben lösen/ Abdeckungsmechanismus betätigen, Abdeckung entfernen	Um an die Komponenten zu gelangen	Hände, Schraubendreher	
Für sicheren Stand des Computers sorgen	Computer wenn nötig auf die Seite legen	Um Verrutschen/ Umfallen des Computers durch das Arbeiten im Geräteinneren zu verhindern	Hände	6 Min
Alte Komponenten ausbauen	Kabelverbindungen trennen, Befestigungsschrauben lösen, Festplatte entnehmen	Um die neue Komponente einbauen zu können	Hände, Schraubendreher	

Neue Komponente einbauen	Komponente einstecken, Befestigungsschrauben anziehen, Kabelverbindungen wiederherstellen	Um Funktion wiederherzustellen	Hände, Schraubendreher
Steckverbindungen kontrollieren	Durch Sichtkontrolle und vorsichtiges Ziehen	Um einwandfreie Funktion sicherzustellen	Hände, Augen
Auf lose Befestigungsteile (z.B. Schrauben kontrollieren)	Sichtkontrolle, vorsichtiges Schütteln	Um Gefahr durch Kurzschluss zu vermeiden	Hände, Augen
Computer zusammenschrauben	Seitenteile anbringen, Schrauben befestigen	Um gefahrlose Inbetriebnahme zu ermöglichen	Hände, Schraubendreher

2.1.3 Nachmachen und Erläutern durch den Auszubildenden:

Ich stelle den Auszubildenden Fragen, ob sie alles verstanden haben und lasse mir die einzelnen Arbeitsschritte noch einmal nennen. Der Auszubildende führt alle Arbeitsschritte eigenständig durch und erklärt dabei wie er vorgeht. Ich beobachte das Vorgehen und gebe gegebenenfalls Hilfestellung, um eventuellen Fehlern vorzubeugen und greife gegebenenfalls in Gefahrensituationen oder bei schwerwiegenden Fehlern ein.

Was ist zu tun?	Wie?	Warum?	Womit?	Zeit
Installation der ESD-Matte/ des ESD-Armbandes	ESD-Matte/-Band mit dem Arm und der Erdung verbinden	Um Beschädigungen oder Aufladungen zu verhindern	Hände	
PC vom Stromnetz trennen	Netzstecker aus der Steckdose ziehen	Um Gefahr durch Stromschlag zu vermeiden	Hände	
Alle Kabelverbindungen zu anderen Geräten trennen	Die Stecker an der Computerrückseite herausziehen, ggf. vorher abschrauben	Behinderung durch Kabel vermeiden, Gefahr durch evtl. spannungsführende Kabel vermeiden	Hände, Schraubendreher	
Computergehäuse öffnen	Gehäuseschrauben lösen/ Abdeckungsmechanismus betätigen, Abdeckung entfernen	Um an die Komponenten zu gelangen	Hände, Schraubendreher	
Für sicheren Stand des Computers sorgen	Computer wenn nötig auf die Seite legen	Um Verrutschen/ Umfallen des Computers durch das Arbeiten im Geräteinneren zu verhindern	Hände	5 Min
Alte Komponenten ausbauen	Kabelverbindungen trennen, Befestigungsschrauben lösen, Festplatte entnehmen	Um die neue Komponente einbauen zu können	Hände, Schraubendreher	
Neue Komponente einbauen	Komponente einstecken, Befestigungsschrauben anziehen, Kabelverbindungen wiederherstellen	Um Funktion wiederherzustellen	Hände, Schraubendreher	
Steckverbindungen kontrollieren	Durch Sichtkontrolle und vorsichtiges Ziehen	Um einwandfreie Funktion sicherzustellen	Hände, Augen	

Auf lose Befestigungsteile (z.B. Schrauben kontrollieren)	Sichtkontrolle, vorsichtiges Schütteln	Um Gefahr durch Kurzschluss zu vermeiden	Hände, Augen
Computer zusammenschrauben	Seitenteile anbringen, Schrauben befestigen	Um gefahrlose Inbetriebnahme zu ermöglichen	Hände, Schraubendreher

2.1.4 Selbstständiges Arbeiten und Üben:

Der Auszubildende erhält die Möglichkeit, den Arbeitsablauf an diversen Übungsrechnern nochmals selbständig durchzuführen.

Ich frage den Auszubildenden nach wiederholter Nennung meiner Wertungskriterien nach seiner Einschätzung der Leistungen und teile ihm danach meine Einschätzung mit, wobei ich, wenn nötig, Verbesserungsvorschläge gebe.

Ich teile den Auszubildenden mit, ob das Lernziel erreicht wurde und motiviere ihn, das Erlernte in der Praxis zu üben. Bei nicht erreichtem Lernziel wird versucht, die Gründe dafür festzustellen und beim nächsten Mal die Aufgabe zu wiederholen.

Was ist zu tun?	Wie?	Warum?	Womit?	Zeit
Nachbesprechung	Dem Auszubildenden gezielte Fragen zu den vorher erledigten Aufgaben stellen	Um eventuelle Unklarheiten zu beseitigen	Mündlich	2 Min

2.2 Begründung für den Einsatz der Medien:

Ich werde dem Auszubildenden ein Handout aushändigen, auf dem der genaue Ablauf beim Austauschen einer Festplatte graphisch dargestellt ist. Das Handout wird vom Auszubildenden abgeheftet und kann bei Bedarf jeder Zeit wieder als Erinnerungshilfe herbei gezogen werden. Es kann überdies im Ausbildungsnachweisheft abgeheftet werden, weil es als Nachweis für die Anmeldung zur Abschlussprüfung gilt.

2.3 Selbst- und Fremdeinschätzung

Nach erfolgtem Nachmachen durch den Auszubildenden bitte ich ihn an Hand der von mir im Vorfeld genannten Kriterien sich selbst einzuschätzen. Danach erfolgt die Einschätzung durch mich als Ausbilder.

2.4 Lernerfolgskontrolle:

Nachdem der Auszubildende die Festplatte erfolgreich gewechselt hat, werde ich ihm noch ein paar gezielte Fragen stellen, um zu überprüfen, ob er das Neuerlernte verstanden hat. Falls sich bei dem Auszubildenden noch Unklarheiten zeigen, werde ich erneut alles genau erklären und mit ihm üben.

2.5 Ergebnissicherung:

Der Auszubildende hat von mir ein Hand-Out erhalten, auf dem die einzelnen Schritte noch einmal verdeutlicht sind.

3 Zeitliche Planung

Was ist zu tun?	Wie?	Warum?	Womit?	Zeit
Vorbereitung				
Begrüßung des Auszubildenden	Abfragen der Vorkenntnisse Einführung in das Thema	Um eventuelle Unklarheiten im Vorfeld zu klären	Mündlich	2 Min
Vorführen und Erklären durch den Ausbilder, Nachmachen und Erläutern durch den Auszubildenden				
Installation der ESD-Matte/ des ESD-Armbandes	ESD-Matte/-Band mit dem Arm und der Erdung verbinden	Um Beschädigungen oder Aufladungen zu verhindern	Hände	
PC vom Stromnetz trennen	Netzstecker aus der Steckdose ziehen	Um Gefahr durch Stromschlag zu vermeiden	Hände	
Alle Kabelverbindungen zu anderen Geräten trennen	Die Stecker an der Computerrückseite herausziehen, ggf. vorher abschrauben	Behinderung durch Kabel vermeiden, Gefahr durch evtl. spannungsführende Kabel vermeiden	Hände, Schraubendreher	
Computergehäuse öffnen	Gehäuseschrauben lösen/ Abdeckungsmechanismus betätigen, Abdeckung entfernen	Um an die Komponenten zu gelangen	Hände, Schraubendreher	
Für sicheren Stand des Computers sorgen	Computer wenn nötig auf die Seite legen	Um Verrutschen/ Umfallen des Computers durch das Arbeiten im Geräteinneren zu verhindern	Hände	
Alte Komponenten ausbauen	Kabelverbindungen trennen, Befestigungsschrauben lösen, Festplatte entnehmen	Um die neue Komponente einbauen zu können	Hände, Schraubendreher	11 Min
Neue Komponente einbauen	Komponente einstecken, Befestigungsschrauben anziehen, Kabelverbindungen wiederherstellen	Um Funktion wiederherzustellen	Hände, Schraubendreher	
Steckverbindungen kontrollieren	Durch Sichtkontrolle und vorsichtiges Ziehen	Um einwandfreie Funktion sicherzustellen	Hände, Augen	
Auf lose Befestigungsteile (z.B. Schrauben kontrollieren)	Sichtkontrolle, vorsichtiges Schütteln	Um Gefahr durch Kurzschluss zu vermeiden	Hände, Augen	
Computer zusammenschrauben	Seitenteile anbringen, Schrauben befestigen	Um gefahrlose Inbetriebnahme zu ermöglichen	Hände, Schraubendreher	
Selbstständiges Arbeiten und Üben				
Nachbesprechung	Dem Auszubildenden gezielte Fragen zu den vorher erledigten Aufgaben stellen	Um eventuelle Unklarheiten zu beseitigen	Mündlich	2 Min

4 Anhang

- Ausbildungsrahmenplan für die Berufsausbildung zum Fachinformatiker/ zur Fachinformatikerin (sachliche Gliederung) erschienen im Bundesgesetzblatt Jahrgang 1997 Teil I Nr. 48, ausgegeben zu Bonn am 15. Juli 1997, Anlage 2 Teil A (zu §11)
- Ausbildungsrahmenplan für die Berufsausbildung zum Fachinformatiker/ zur Fachinformatikerin (zeitliche Gliederung, 1. Ausbildungsjahr)

Merkblatt:

Austausch einer Festplatte

Als Erstes den Netzstecker ziehen!

Um eine Seitenwand abzunehmen müssen auf der Computerrückseite zwei Schrauben gelöst oder die Seitenwände mit einer Klappe abgenommen werden. Je nach Gehäuse-Typ müssen zum Festplattenwechsel nur eine oder beide Seitenwände abgenommen werden.

Die Seitenwand dann nach links aufschieben...

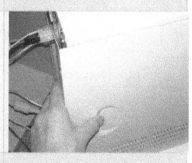

Hier hat die Festplatte ihren Sitz...

Merkblatt:
Austausch einer Festplatte

<u>Das Datenkabel und den Stecker</u>
<u>für die Versorgungsspannung abziehen...</u>

Dieser Stecker für die Versorgungsspannung befindet sich
ganz rechts außen und geht u.U. ein wenig schwer ab.
Deshalb mit der anderen Hand etwas gegenhalten.

Gleich daneben sitzt ein breiter Stecker worüber die Daten
von und zur Festplatte übertragen werden.
Diesen bitte besonders vorsichtig abziehen und das
Gegenhalten nicht vergessen. Das flache Kabel darf nicht
geknickt werden.

<u>Beachte:</u>
An dem Flachbandkabel befinden sich 2 Stecker
und möglicherweise ist der mittlere Stecker unbelegt.
Wenn ja, dann verwenden Sie für die neue Festplatte
<u>nicht</u> den mittleren Stecker!

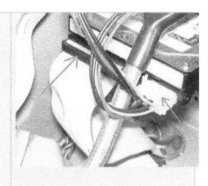

<u>Montageschrauben der Festplatte lösen...</u>

Je nach Gehäuse-Typ müssen zum Herausnehmen der
Festplatte eventuell noch zwei weitere Schrauben auf der
anderen Seite gelöst werden. Um diese Schrauben zu
erreichen, müssen Sie natürlich die andere Seitenwand
ebenfalls abnehmen.

Danach können Sie die Festplatte vorsichtig nach hinten
entnehmen. Es ist möglich, dass dies ein wenig schwer geht.
Sollte dies der Fall sein, können Sie die darüberliegenden
Schrauben ein wenig lockern (aber nicht ganz abschrauben)
und sie nach dem Einbau wieder anziehen.

Beim Einschieben der Festplatte bitte vorsichtig sein
und ggf. gegenhalten, damit die Platte keinen Schaden
bekommt. Berühren Sie dabei nicht die Unterseite der
Festplatte.

Schieben Sie die Festplatte soweit ein (fast bis zum
Anschlag), bis Sie an der Seite die Gewinde für die
Montageschrauben der Festplatte sehen. Nach dem
Anbringen der Montageschrauben mit entsprechender
Vorsicht. Beim Anbringen der Stecker sein Sie besonders
achtsam beim Einstecken des Datenkabels.
Der Stecker hat in der Mitte eine kleine Erhebung.
Diese muss nach oben zeigen.
Den Stecker dann vorsichtig und passgenau bis zum
Anschlag einschieben.

Jetzt nur noch die Seitenwände wieder anbringen,
und dann können Sie die neue Festplatte partitionieren,
formatieren und z.B. ein Betriebssystem aufspielen.

Arbeitsschutzbelehrung
Öffnung eines Computergehäuses

Zur Funktionserweiterung für Computer und deren Reparatur sind im Handel zahlreiche Komponenten erhältlich. Zum Einbau der neuen Komponenten ist meist das Öffnen des Gehäuses nötig. Welche Gefahren ergeben sich dabei?

Ein Computer wird mit 230V Netzspannung betrieben. Stellen Sie also in jedem Fall sicher, dass der Computer vor dem Öffnen von der Netzspannung getrennt wird!

Auch bei ausgeschalteten und vom Netz getrennten Geräten besteht auf Grund geladener Kondensatoren die Gefahr eines Stromschlages. Auch die Gefahr eines zerstörerischen Kurzschlusses ist gegeben, wenn beispielsweise mit dem Werkzeug versehentlich Kontakte überbrückt werden.

Durch den Herstellungsprozess haben viele Gehäuse scharfe Kanten durch die eine Verletzungsgefahr (Schnittwunden) entsteht. Arbeiten Sie bitte besonders sorgfältig!
Scharfe Kanten werden vor dem Arbeiten abgeklebt, damit Sie Schnittverletzungen vermeiden.

Elektronische Bauelemente sind empfindlich gegen elektrostatische Aufladungen. Damit der Computer durch die Arbeiten keinen Schaden nimmt, sollten Sie Berührungen mit elektronischen Bauteilen vermeiden.

Zur Vermeidung der statischen Aufladung nutzen Sie ein Antistatik-Armband, welches mit einem geerdeten, metallenen Gegenstand (z. B. metallenes Heizungsrohr) verbunden wird.

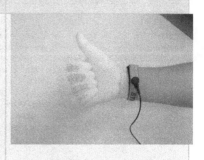

Bundesgesetzblatt

Teil I G 5702

1997 Ausgegeben zu Bonn am 15. Juli 1997 **Nr. 48**

Verordnung
über die Berufsausbildung
im Bereich der Informations- und Telekommunikationstechnik*)

Vom 10. Juli 1997

Inhaltsübersicht

---

*) Diese Rechtsverordnung ist eine Ausbildungsordnung im Sinne des
§ 25 des Berufsbildungsgesetzes. Die Ausbildungsordnung und der
damit abgestimmte, von der Ständigen Konferenz der Kultusminister
der Länder in der Bundesrepublik Deutschland beschlossene Rahmen-
lehrplan für die Berufsschule werden demnächst als Beilage zum
Bundesanzeiger veröffentlicht.

Lfd. Nr.	Teil des Ausbildungsberufsbildes	Fertigkeiten und Kenntnisse, die unter Einbeziehung selbständigen Planens, Durchführens und Kontrollierens zu vermitteln sind
1	2	3
3.	Arbeitsorganisation und Arbeitstechniken (§ 10 Abs. 1 Nr. 3)	
3.1	Informieren und Kommunizieren (§ 10 Abs. 1 Nr. 3.1)	a) Informationsquellen, insbesondere technische Unterlagen, Dokumentationen und Handbücher, in deutscher und englischer Sprache aufgabenbezogen auswerten b) Gespräche situationsgerecht führen und Sachverhalte präsentieren, deutsche und englische Fachbegriffe anwenden c) Informationen aufgabenbezogen bewerten und auswählen d) Schriftverkehr durchführen und Protokolle anfertigen e) Daten und Sachverhalte visualisieren und Grafiken erstellen sowie Standardsoftware anwenden
3.2	Planen und Organisieren (§ 10 Abs. 1 Nr. 3.2)	a) Zeitplan und Reihenfolge der Arbeitsschritte für den eigenen Arbeitsbereich festlegen b) den eigenen Arbeitsplatz unter Berücksichtigung betrieblicher Vorgaben und ergonomischer Aspekte gestalten c) Termine planen und abstimmen, Terminüberwachung durchführen d) Probleme analysieren und als Aufgabe definieren, Lösungsalternativen entwickeln und beurteilen e) unterschiedliche Lerntechniken anwenden f) Maßnahmen zur Verbesserung der Arbeitsorganisation und der Arbeitsgestaltung vorschlagen g) Arbeits- und Organisationsmittel wirtschaftlich und ökologisch einsetzen
3.3	Teamarbeit (§ 10 Abs. 1 Nr. 3.3)	a) Aufgaben im Team planen, entsprechend den individuellen Fähigkeiten aufteilen, Zusammenarbeit aktiv gestalten b) Aufgaben im Team bearbeiten, Ergebnisse abstimmen und auswerten c) Möglichkeiten zur Konfliktregelung im Interesse eines sachbezogenen Ergebnisses anwenden
4.	Informations- und telekommunikationstechnische Produkte und Märkte (§ 10 Abs. 1 Nr. 4)	
4.1	Einsatzfelder und Entwicklungstrends (§ 10 Abs. 1 Nr. 4.1)	a) marktgängige Systeme der Informations- und Telekommunikationstechnik nach Einsatzbereichen, Leistungsfähigkeit und Wirtschaftlichkeit unterscheiden b) Veränderungen von Einsatzfeldern für Systeme der Informations- und Telekommunikationstechnik aufgrund technischer, wirtschaftlicher und gesellschaftlicher Entwicklungen feststellen c) technologische Entwicklungstrends von Systemen der Informations- und Telekommunikationstechnik feststellen sowie ihre wirtschaftlichen, sozialen und beruflichen Auswirkungen bewerten d) Auswirkungen der technologischen Entwicklung auf Lösungskonzepte aktueller informations- und telekommunikationstechnischer Systeme darstellen

5.1 Ist-Analyse und Konzeption

zu vermitteln sowie in Verbindung damit die Vermittlung der Fertigkeiten und Kenntnisse der Berufsbildpositionen

1.4 Umweltschutz, Lernziele b bis d,

2.4 Markt- und Kundenbeziehungen, Lernziel g,

2.5 kaufmännische Steuerung und Kontrolle, Lernziele a und d,

3.1 Informieren und Kommunizieren

fortzuführen.

(2) In einem Zeitraum von insgesamt 4 bis 6 Monaten sind schwerpunktmäßig die Fertigkeiten und Kenntnisse der Berufsbildpositionen

4.4 Netze, Dienste,

5.4 Datenschutz und Urheberrecht,

5.5 Systempflege,

6.3 Schnittstellenkonzepte,

8.1 Systemkonfiguration,

8.2 Netzwerke,

8.3 Systemlösungen

zu vermitteln sowie in Verbindung damit die Vermittlung der Fertigkeiten und Kenntnisse der Berufsbildposition

3.1 Informieren und Kommunizieren

fortzuführen.

(3) In einem Zeitraum von insgesamt 2 bis 4 Monaten sind schwerpunktmäßig die Fertigkeiten und Kenntnisse der Berufsbildpositionen

6.1 Analyse und Design, Lernziele a bis c,

6.2 Programmerstellung und -dokumentation, Lernziele a bis c,

6.4 Testverfahren, Lernziel c,

zu vermitteln sowie in Verbindung damit die Vermittlung der Fertigkeiten und Kenntnisse der Berufsbildpositionen

6.1 Analyse und Design, Lernziele d und e,

6.2 Programmerstellung und -dokumentation, Lernziele d bis g,

6.4 Testverfahren, Lernziele a, b und d,

fortzuführen.

3. Ausbildungsjahr

(1) In einem Zeitraum von insgesamt 2 bis 4 Monaten sind schwerpunktmäßig die Fertigkeiten und Kenntnisse der Berufsbildpositionen

7. Schulung,

8.4 Einführung von Systemen,

9. Service

zu vermitteln sowie in Verbindung damit die Vermittlung der Fertigkeiten und Kenntnisse der Berufsbildpositionen

2.4 Markt- und Kundenbeziehungen, Lernziele b und c,

3.1 Informieren und Kommunizieren, Lernziele b, c und e,

4. informations- und telekommunikationstechnische Produkte und Märkte,

9.3 Systemunterstützung, Lernziel a,

fortzuführen.

(2) In einem Zeitraum von insgesamt 8 bis 10 Monaten sind schwerpunktmäßig die Fertigkeiten und Kenntnisse der Berufsbildpositionen

1.2 Berufsbildung, Arbeits- und Tarifrecht, Lernziele c und d,

10. Fachaufgaben im Einsatzgebiet

zu vermitteln sowie in Verbindung damit die Vermittlung der Fertigkeiten und Kenntnisse der Berufsbildpositionen

1.3 Sicherheit und Gesundheitsschutz bei der Arbeit,

1.4 Umweltschutz,

2.5 kaufmännische Steuerung und Kontrolle,

3. Arbeitsorganisation und Arbeitstechniken,

6. Systementwicklung,

8. Systemintegration

fortzuführen.

Lfd. Nr. Berufs- bild (§ 3)	Teile des Ausbildungsberufsbildes, die schwerpunktmäßig zu vermitteln sind bzw. deren Vermittlung fortzuführen ist	Vermittlung/Fortführung vorgesehen von – bis
	Zeitrahmen 3–4 Monate	
4.1	Einsatzfelder und Entwicklungstrends, Lernziel a	....
4.2	Systemarchitektur, Hardware und Betriebssysteme	....
4.3	Anwendungssoftware	....
5.3	Installieren und Konfigurieren	....
	Zeitrahmen 2–4 Monate	
2.1	Leistungserstellung und -verwertung, Lernziele a, c und d	....
2.4	Markt- und Kundenbeziehungen, Lernziele c, f und g	....
	Zeitrahmen 3–5 Monate	
2.5	kaufmännische Steuerung und Kontrolle, Lernziele a und d	....
5.2	Programmiertechniken	....
6.1	Analyse und Design, Lernziele d und e	....
6.2	Programmerstellung und -dokumentation, Lernziele d bis g	....
6.4	Testverfahren, Lernziele a, b und d	....
	Zeitrahmen 1–2 Monate	
	(in Verbindung mit den bisher vermittelten Berufsbildpositionen)	
1.1	Stellung, Rechtsform und Struktur	....
1.2	Berufsbildung, Arbeits- und Tarifrecht, Lernziele a, b, e bis g	....
1.3	Sicherheit und Gesundheitsschutz bei der Arbeit	....
1.4	Umweltschutz	....
2.2	betriebliche Organisation, Lernziele a bis c	....
3.1	Informieren und Kommunizieren	....
3.2	Planen und Organisieren, Lernziele a bis c und g	....
3.3	Teamarbeit	....

www.ingramcontent.com/pod-product-compliance
Lightning Source LLC
La Vergne TN
LVHW042320060326
832902LV00010B/1619